WAS IST WAS

Text von Bärbel Oftring
mit Bildern von Hans-Günther Döring

CARLSEN

Was sind Insekten?

Bienen, Wespen und Schmetterlinge, Käfer, Wanzen und Libellen, Heuschrecken, Fliegen und Ohrwürmer – all das sind Insekten. Wir kennen über eine Million verschiedene Insektenarten und täglich werden neue entdeckt. Trotz der vielen Arten haben alle Insekten den gleichen Körperbau. Ihr Körper besteht aus drei Teilen: dem Kopf, der Brust und dem Hinterleib.

Insekten sind sehr nützlich! Sie dienen Vögeln und anderen Tieren als Nahrung. Ohne Insekten hätten wir keine Beeren und Früchte, denn diese entwickeln sich nur, wenn die Blüten von Insekten bestäubt wurden.

Spinnen haben
immer acht Beine.

So erkennst du sofort, was ein Insekt ist: Zähle die Beine – nur wenn es sechs sind, ist das kleine Tier ein Insekt!

Asseln, Hundert- und Tausendfüßer haben mehr als zehn Beine.

Die meisten Insekten haben vier Flügel, so wie dieser Schwalbenschwanz-Schmetterling.

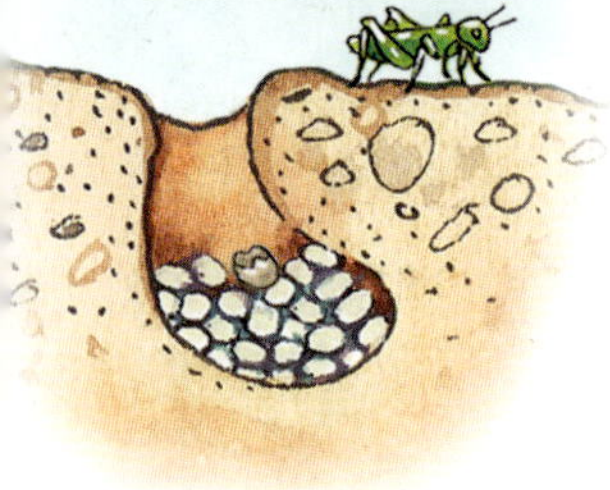

So entwickelt sich ein Insekt: Aus einem Ei schlüpft eine Larve.

Sie wächst, und wenn ihr Hautpanzer zu klein wird, platzt er auf und die größere Larve schlüpft heraus.

Wenn die Larve nicht mehr wächst, schlüpft das fertige Insekt aus der Haut.

Schmetterlinge und einige andere Insekten legen zwischen dem Larvenstadium und dem fertigen Insekt noch eine Entwicklungsphase ein: Die Larve verpuppt sich. Im Inneren der Puppe entwickelt sich das Insekt und wenn es fertig ist, schlüpft es heraus.

Raupen sind die Larven von Schmetterlingen.

Insekten spielen eine wichtige Rolle auf dem Waldboden.

Sie fressen heruntergefallenes Laub und Pflanzenreste.

Sonst würde die Laubschicht nach einigen Jahren so hoch reichen wie die Bäume!

Können Silberfischchen schwimmen?

Springschwänze und Silberfischchen sind die urtümlichsten Insekten. Sie besitzen keine Flügel und sehen noch so aus wie die ersten Insekten, die vor über 400 Millionen Jahren auf der Erde gelebt haben. Ihren Namen verdanken die Silberfischchen ihrer silbern glänzenden Haut. Es sind aber keine Fische und sie können auch nicht schwimmen.

Silberfischchen leben dort, wo es feucht ist, z. B. im Badezimmer. Tagsüber verstecken sie sich. Erst nachts suchen sie nach Nahrung.

Welches Insekt fliegt wie ein Hubschrauber?

Rückwärts, seitwärts und in der Luft schwebend – so fliegen nur Libellen! Sie können nämlich jedes Flügelpaar einzeln bewegen. Im Flug erbeuten die Libellen Fliegen und andere Tiere, die sie mit ihren kräftigen Beinen packen. Die Larven der Libellen leben am Grund von Teichen und Bächen. Dort jagen sie Wasserflöhe, Kaulquappen und sogar kleine Fische!

Große Königslibelle

leere Hülle

Während der Paarungszeit kannst du bei den Libellen merkwürdige Flugformen sehen: Zuerst ergreift das Männchen mit seinen Hinterleibszangen das Weibchen.

Dann biegt das Weibchen seinen Hinterleib nach vorne und das Männchen befruchtet die Eier.

Nach der Paarung legt das Weibchen die Eier am Wasser ab. Das Männchen hält dabei Wache.

Wie machen Heuschrecken Musik?

Im Sommer kannst du auf der Wiese das Zirpen der Heuschrecken hören. Jede Heuschreckenart zirpt durch das Aneinanderreiben der Flügel oder Hinterbeine eine eigene Melodie. Mit dem Zirpen locken die Heuschrecken einen Partner an und halten Rivalen auf Abstand.

Heuschrecken können sehr weit springen. Um noch etwas weiter zu kommen, flattern sie dabei mit den Flügeln.

Zum Zirpen streicht die Heuschrecke mit einem Sägekamm am Hinterbein über eine Ader am Deckflügel.

Mit einer Länge von über 4 cm ist das Grüne Heupferd die größte Heuschrecke bei uns.

Die Gottesanbeterin gehört zu den Fangschrecken. Mit zusammengelegten Vorderbeinen lauert sie auf Beute.

Zur Paarung verbinden sich die Wanzen, hier sind es Lederwanzen, am Hinterleib.

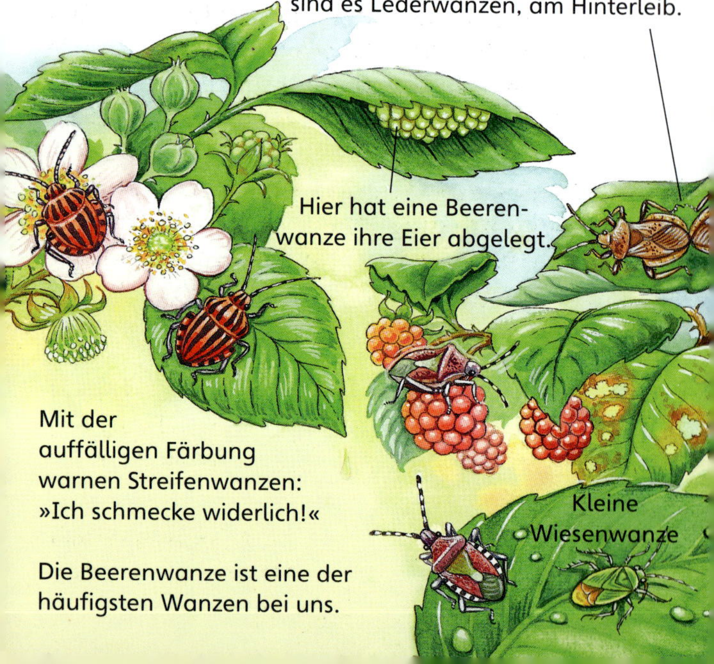

Mit der auffälligen Färbung warnen Streifenwanzen: »Ich schmecke widerlich!«

Die Beerenwanze ist eine der häufigsten Wanzen bei uns.

Warum stinken manche Wanzen?

Wenn sich eine Stinkwanze bedroht fühlt, verströmt sie zur Abwehr einen ekelerregenden Geruch. Die Wanzen sind eine Insektengruppe mit einem langen Stech- und Saugrüssel. Damit saugen sie an Pflanzen und Früchten. Es gibt aber auch räuberische Wanzen, die kleine Tiere erbeuten. Und die Bettwanze saugt sogar Menschenblut! Auch Läuse haben stechend-saugende Mundwerkzeuge, ihr Rüssel ist aber kürzer.

Blattläuse stechen Pflanzen an und saugen den Saft auf.

Die Blumenwanze jagt Blattläuse und andere kleine Insekten.

Wie ernähren sich Schmetterlinge?

Mit ihren Fühlern können Schmetterlinge viel besser riechen als wir mit unserer Nase: Den Duft von Blüten erkennen sie über weite Entfernungen. Während die Schmetterlinge den süßen Nektar der Blüten aufsaugen, bleibt Blütenstaub an ihnen hängen. Diesen bringen sie von Blüte zu Blüte. Darum sind Schmetterlinge wichtige Blütenbestäuber.

Großer Kohlweißling

Wenn der Schmetterling Nektar saugt, taucht er seinen langen Rüssel tief in die Blüte.

Kleiner Fuchs

Das Taubenschwänzchen kann wie ein Kolibri in der Luft stehen und an Blüten saugen.

Warum gibt es so viele verschiedene Käfer?

Jedes dritte Insekt auf der Erde ist ein Käfer! Die Käfer haben alle Lebensräume besiedelt, selbst unter Wasser und tief im Erdboden kommen sie vor. Das Erfolgsgeheimnis dieser Insekten sind die harten Flügeldecken, die wie ein schützender Schild über den dünnen Flügeln liegen. Alle Käfer schneiden und kauen ihre Nahrung. Sie können nicht stechen oder Flüssigkeit aufsaugen.

Der Hirschkäfer ist mit bis zu 7,5 cm Länge der größte Käfer bei uns. Die Männchen tragen Kieferzangen, die wie ein Hirschgeweih aussehen.

Warum stechen Stechmücken?

Das hast du sicher auch schon gehört: einen hohen, sirrenden Ton, der dich vor einer Stechmücke warnt! Die Weibchen stechen und ernähren sich von Blut. Das brauchen sie, um Eier entwickeln zu können. Die Stechmückenmännchen saugen dagegen Blütennektar. Die Stechmücken gehören mit vielen anderen Mücken und Fliegen zur Insektengruppe der Zweiflügler: Sie haben nur zwei große Flügel und nicht vier wie alle anderen geflügelten Insekten.

Hier sticht eine Stechmücke. Weil beim Blutsaugen Speichel von der Mücke in die Haut gerät, fängt der Stich an zu jucken.

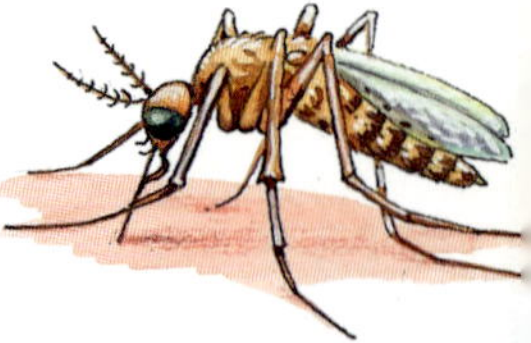

Fliegen, wie zum Beispiel die Schmeißfliege, können mit ihren Füßen schmecken! Ihre Geschmackssinnesorgane sitzen auf den Fußsohlen und nicht wie bei uns auf der Zunge.

Die Goldfliege mag nicht nur Blütenpollen, sondern auch Wurst.

Wie viel wiegt der schwerste Käfer?

In den Tropen rund um den Äquator ist es das ganze Jahr über feuchtwarm. Dort herrschen für Insekten die besten Lebensbedingungen. Darum gibt es dort auch die meisten Insekten und sie werden viel größer als bei uns. Der schwerste Käfer der Erde ist der Goliathkäfer, der in den Regenwäldern Afrikas lebt. Trotz seines Gewichts von 40 g kann er noch fliegen.

Mit einer Länge von bis zu 35 cm sind die Riesenstabschrecken die längsten Insekten der Erde.

Das Wandelnde Blatt wird bis zu 11 cm lang. Manche Arten tarnen sich als grüne Laubblätter, andere sehen wie welke Blätter aus.

Mit einer Spannweite von bis zu 30 cm ist der Atlasspinner einer der größten Schmetterlinge.

Der Herkuleskäfer ist mit 17 cm einer der größten Käfer der Welt. Mit ihrem langen Horn kämpfen die Männchen während der Paarungszeit um die Weibchen.

Im Wald leben die Roten Waldameisen.

Wenn Ameisen sich bedroht fühlen, versprühen sie ätzende Ameisensäure.

Mehrere Ameisenstraßen umgeben den Bau wie die Straßen einer Stadt.

Der Bau aus kleinen Zweigen und trockenen Nadeln ist bis zu 1,2 m hoch!

Welche Insekten haben eine Königin?

Alle Insekten, die du bisher in diesem Buch kennengelernt hast, sind Einzelgänger. Ameisen, Bienen und Wespen hingegen leben nicht allein, sondern bilden Staaten. In den Staaten herrscht Arbeitsteilung. Nur die Königin legt Eier. Die Arbeiterinnen erledigen Aufgaben wie das Sammeln der Nahrung oder den Nestbau.

Bienen besuchen Tausende von Blüten und saugen dort Nektar und sammeln Pollen als Nahrung. Der Nektar landet im Honigmagen der Biene. Dort fängt er an, sich in Honig zu verwandeln.

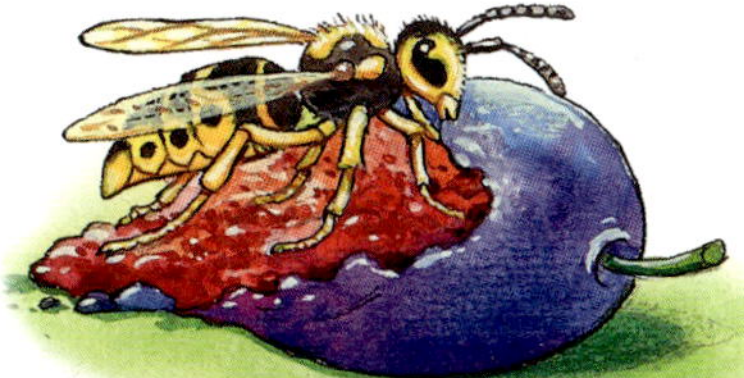

Wespen werden oft lästig, weil sie unser Essen mögen.

Die Königin der Bienen bleibt immer im Bienenstock und legt Eier. Sobald sie ein Ei gelegt hat, wird es von einer Arbeiterin in eine Brutzelle gelegt. Aus den Eiern entwickeln sich Larven. Die Arbeiterinnen versorgen die Larven.

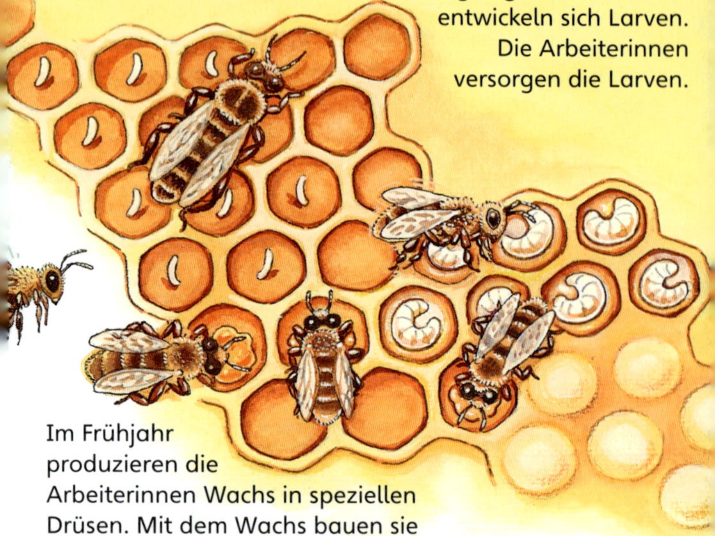

Im Frühjahr produzieren die Arbeiterinnen Wachs in speziellen Drüsen. Mit dem Wachs bauen sie die sechseckigen Zellen der Waben.